DON
BOSCO

Rosemarie Portmann

Die 50 besten Entspannungsspiele

DON BOSCO

MiniSpielothek

**Gerne nehmen wir Ihre Anregungen,
Wünsche, Kritik oder Fragen entgegen:**
Don Bosco Medien GmbH, Sieboldstraße 11, 81669 München
Servicetelefon: 089 / 48008-341

Bibliografische Information der Deutschen Nationalbibliothek

Die Deutsche Nationalibliothek verzeichnet diese Publikation in der Deutschen Nationalbibliografie; detaillierte bibliografische Daten sind im Internet über http://dnb.d-nb.de abrufbar.

Die Spiele auf S. 11, 19, 28, 30, 48, 50, 52, 54, 60 u. 61 sind entnommen aus Portmann/Schneider: Spiele zur Entspannung und Konzentration, München [15]2004.

9. Auflage 2012 / ISBN 978-3-7698-1531-3

www.donbosco-medien.de
Umschlag und Illustration: Felix Weinold
Layout: Alexandra Paulus
Produktion: Don Bosco Druck & Design, Ensdorf

Gedruckt auf umweltfreundlichem Papier

Inhalt

09 **Spiele zum Stillwerden und Stillsein**
10 Still–Leben
11 Stillhalte-König
12 Hörspiele
13 Daumendrücken
14 Jakob, wo bist du?
15 Schatzräuber
16 Den Ausgang finden
17 Spionage
18 Indianer auf dem Schleichpfad
19 Schiffe im Nebel

20 **Spiele zum Spüren von Körper und Seele**
21 Das fängt gut an
22 Rückenmassage
24 Luftballons
25 Leicht gemacht
28 Fantasiereise
30 Rosenbusch
31 Mein Baum
32 Die weiße Leinwand
33 Gute Wünsche
34 Gesammelte Entspannung

35 **Spiele zum Besinnen und Nachsinnen**
36 Schau genau
37 Unter einer Decke stecken
38 Mein Stein
39 Bildbetrachtung
40 Hörbild
41 Duftstraße
42 Noch einmal mit Gefühl
43 Gebrauchsanweisung
44 Fax-Versand
45 Wenn ich einmal reich wär' ...

46 **Spiele zum Auspowern und Abschlaffen**
47 Stopp and go
48 Pferderennen
50 Chorprobe
51 Blinzeln
53 Zahlensprung
54 Alle Vögel fliegen hoch
56 Ochs am Berg
58 Zeitlupenrennen
59 Bewegungsgeschichten
61 Versteinern

62 **Spiele zum Ablachen und Lockerbleiben**
63 Pokerface
64 Stummes Orchester
65 Gruppenbild
66 Pantomime
67 Kein – ohne
69 Geschmackssache
70 Fremdsprachen
71 Lügengeschichten
72 Literaturkreis
73 Überraschung!

Das Spiel schenke uns Freude und Erholung.

Thomas von Aquin

Spiele zum Stillwerden und Stillsein

Still–Leben

Alle Gruppenmitglieder nehmen eine bequeme Haltung ein, schließen die Augen und werden ganz still. Nun öffnet die Spielleiterin oder der Spielleiter das Fenster. Die Gruppenmitglieder lauschen aufmerksam auf die Geräusche, die sie durch das geöffnete Fenster von draußen wahrnehmen und merken sich, was sie hören. Nach kurzer Zeit wird ein Gong geschlagen und das Fenster geschlossen.
Alle öffnen die Augen, atmen tief durch, erzählen, schreiben auf oder malen, welche Geräusche sie wahrgenommen haben und wodurch sie wohl verursacht wurden, z. B. ein fahrendes Auto, Vogelstimmen, Hundegebell, ein schreiendes Baby, Glockenläuten u. Ä.

Hinweis

Die Augen zu schließen und in die Stille zu lauschen ist nicht so leicht, wie es sich anhört. Mit Kindergruppen sollte die Zeit zum Lauschen zunächst relativ kurz sein – ca. $^1/_2$ Minute – und erst mit zunehmender Stilleerfahrung verlängert werden.

Stillhalte-König

Auf ein Kommando von Spielleiterin oder Spielleiter verharren alle Gruppenmitglieder unbeweglich und still in der Haltung, die sie gerade einnehmen. Wer es am längsten aushält, sich schweigend nicht zu bewegen, ist „Stillhalte-König“ oder „Stillhalte-Königin“ und kann z. B. die nächste Spielrunde anleiten.
Ist diese Übung einer Gruppe erst einmal vertraut, kann sie immer wieder zum schnellen Unterbrechen von Unruhe, Aufregung und beginnendem Chaos eingesetzt werden.

Hörspiele

Die Gruppenmitglieder schließen die Augen und stellen das Reden ein. Spielleiterin oder Spielleiter erzeugen nun mit unterschiedlichen Gegenständen die unterschiedlichsten Geräusche, z. B. mit Papier knistern, auf den Tisch klopfen, zwei Löffel aneinander schlagen, einen Schlüssel fallen lassen u. Ä. Nach jedem Geräusch wird Zeit gelassen. Wer meint, das Geräusch erkannt zu haben, hebt den Arm und nennt die Lösung. Ist sie falsch, darf ein anderes Gruppenmitglied seine Lösung nennen.

Variation

Eine bestimmte Anzahl von Geräuschen wird nacheinander erzeugt. Dann öffnen die Gruppenmitglieder die Augen und schreiben in der richtigen Reihenfolge auf, was sie gehört haben. Die Lösungen werden miteinander verglichen. Gibt es Geräusche, die leichter oder schlechter zu merken sind?

Daumendrücken

Bis auf fünf sitzen alle Gruppenmitglieder an Tischen und stützen ihre Arme auf. Sie ballen vier Finger einer Hand zur Faust, nur den Daumen strecken sie nach oben. Dann senken sie den Kopf, schließen die Augen und verhalten sich ruhig.
Die fünf ausgewählten Gruppenmitglieder schleichen nun ganz leise durch den Raum und drücken jeweils einen Daumen nach unten. Danach kehren sie an ihren Ausgangsplatz zurück. Nun dürfen alle wieder die Augen öffnen. Diejenigen, deren Daumen gedrückt wurde, raten, von wem. Wer richtig geraten hat, darf für die nächste Spielrunde einen der Fünf beim Drücken ablösen.

Jakob, wo bist du?

Die Gruppe steht im Kreis. Zwei Gruppenmitglieder gehen in die Kreismitte. Eines ist der „Herr“, das andere der „Jakob“. Beiden werden die Augen verbunden. Damit sie die Orientierung verlieren, werden sie ein bisschen im Kreis herumgeführt. Anschließend müssen sie sich selbst durch den Kreis bewegen. Dabei muss der „Herr“ den „Jakob“ finden, und zwar nur mit Hilfe der Geräusche, die Jakob macht, seine Schritte, sein Atmen, Hüsteln u. Ä. Damit das gelingen kann, muss die Gruppe im Kreis mucksmäuschenstill sein. Schafft es der Herrn so nicht, Jakob zu finden, darf er hin und wieder fragen: „Jakob, wo bist du?“. Jakob muss dann antworten: „Hier“. Mehr darf allerdings nicht gesprochen werden.

Schatzräuber

Jedes Gruppenmitglied legt einen Schatz, einen beliebigen kleinen Gegenstand, neben sich. Je nach Gruppengröße werden drei bis fünf Mitglieder zu Räubern ernannt. Die anderen schließen die Augen oder lassen sich die Augen verbinden und stellen sich schlafend. Die Räuber müssen nun versuchen, in einer vorher bestimmten kurzen Zeit möglichst viele der Schätze zu stehlen und zu verstecken. Wachen die Besitzer auf, müssen die Bestohlenen raten, welcher Dieb sie bestohlen hat. Gelingt ihnen das, werden sie in der nächsten Spielrunde selbst zum Schatzräuber.

Den Ausgang finden

Die Gruppenmitglieder stellen sich dicht nebeneinander im Kreis auf. Eins steht mit verbundenen Augen in der Mitte. Nun wird zwischen zwei Personen im Kreis eine Lücke gebildet und dahinter – z. B. auf einem Stuhl – ein leise tickender Wecker gestellt. Das „blinde" Gruppenmitglied in der Mitte muss nun nur durch das Weckergeräusch den Ausgang finden. Das kann ihm nur gelingen, wenn wirklich alle ganz leise sind.

Spionage

Die Spielgruppe teilt sich in mehrere kleine Gruppen. Eine dieser Kleingruppen setzt sich in die Mitte, die anderen verteilen sich mit ein bisschen Abstand darum herum. Die Kleingruppe in der Mitte erhält einen nicht zu langen „Geheimtext“, die Gruppenmitglieder lesen den Text nun nacheinander Satz für Satz mit gedämpften Stimmen vor. Die anderen Gruppen schweigen. Sie spitzen die Ohren und bemühen sich, möglichst viel von dem „Geheimtext“ auszuspionieren. Alles, was sie verstehen, schreiben sie Wort für Wort auf. Anschließend wird verglichen. Ist die Spionage gelungen? Und welche Gruppe hat am besten spioniert?

Indianer auf dem Schleichpfad

Bis auf vier sitzen alle Gruppenmitglieder im Kreis. Diese vier werden zu „Indianern" ernannt. Sie bleiben außerhalb des Kreises. Die Gruppenmitglieder im Kreis schließen die Augen oder lassen sich die Augen verbinden. Die vier Indianer müssen sich nun geräuschlos von hinten an den Kreis heranschleichen und sich hinter einen Stuhl stellen. Stehen alle Indianer still, heben alle im Kreis Sitzenden die Hand, die meinen, hinter ihnen stünde ein Indianer. Dann öffnen sie die Augen. Haben sie die Anschleichenden richtig wahrgenommen? Oder haben sie vielleicht einen Indianer gehört, der gar nicht da war?

Schiffe im Nebel

Die Hälfte der Gruppenmitglieder sind „Passagierschiffe“. Sie müssen sich mit geschlossenen Augen vorsichtig im Raum so bewegen, dass sie nicht mit einem anderen Schiff kollidieren. Die andere Hälfte sind „Feuerschiffe mit Nebelhorn“. Sie müssen die Passagierschiffe – mit offenen Augen – begleiten und durch Betätigung ihres Nebelhorns vor einem drohenden Zusammenstoß warnen. Sie dürfen dabei das ihnen zugeordnete Passagierschiff weder berühren noch sich durch Sprechen bemerkbar machen. Kommt es doch zu einer Kollision, müssen die „Begleitfahrzeuge“ gemeinsam mit dem Havaristen, für den sie verantwortlich waren, ausscheiden. Bei der nächsten Spielrunde werden die Rollen getauscht.

Spiele zum Spüren von Körper und Seele

Das fängt gut an

Gruppenleiterin oder -leiter beschreiben einen „Tagesanfang“. Alle Gruppenmitglieder machen die dazu passenden Bewegungen: „Es ist früher Morgen. Du wirst wach, gähnst und streckst dich (gähnen und räkeln). Unter der Dusche wäschst und rubbelst du dich (Augen schließen und das Gesicht dem Wasserstrahl entgegenstrecken). Du wäschst deine Arme, erst den linken, dann den rechten (mit der rechten Hand von oben nach unten über den linken Arm streichen, dann mit der linken Hand von oben nach unten über den rechten Arm streichen). Du wäschst deine Beine, erst das linke, dann das rechte (mit den Armen jeweils von unten nach oben darüberstreichen). Du schüttelst den letzten Wassertropfen ab (Kopf und Körper schütteln), glättest deine Haare (über den Kopf streichen). Du bist spät dran. Du läufst zur Schule / hierher zur Gruppe (Laufbewegungen machen). Ganz außer Atem kommst du an (mehrmals tief aus- und einatmen). Du beruhigst deinen Atem (den Atem langsamer und gleichmäßiger werden lassen). Du bist gerade noch pünktlich gekommen (eine feste, gerade Haltung annehmen, ein bisschen mit den Füßen wippen, lächeln, freundlich nach rechts und links schauen ...). Nun kann der Unterricht / die Gruppenstunde beginnen.“

Rückenmassage

Die Gruppenmitglieder bilden Paare. Eins setzt sich umgekehrt auf einen Stuhl, Gesicht zur Stuhllehne, das andere stellt sich dahinter und massiert den Rükken entsprechend der Ansage durch Gruppenleiterin oder Gruppenleiter, z. B.:

Wettermassage:

- es beginnt zu regnen (mit den Fingerkuppen sanft auf den Rücken tippen)
- schwere Regentropfen fallen (mit den Fingerkuppen klopfen)
- es hagelt (das Klopfen vorsichtig verstärken und beschleunigen)
- der Regen lässt nach (wieder sanfter klopfen)
- die Sonne kommt heraus (kreisende Bewegungen mit der Handfläche machen)
- die Sonne scheint warm (die kreisenden Bewegungen verstärken)
- die Sonne geht langsam unter (die kreisenden Bewegungen verlangsamen, schließlich die Hände auf dem Rücken liegen lassen)

Es kann natürlich auch sanft oder heftig schneien, blitzen und donnern, ein sanfter Wind wehen oder ein Sturm aufziehen – der Fantasie sind keine Grenzen gesetzt.

Nachdem das Wetter sich verzogen hat, tauschen die Paare die Rollen.

Variation Pizzamassage

Die Tätigkeiten beim Pizzabacken werden ebenfalls auf dem Rücken ausgeführt, z. B.:

- den Teig kneten (den Rücken mit den Fingern kneten)
- den Teig glätten (mit der Handfläche über den Rükken streichen)
- den Teig belegen (an mehreren Stellen mit den Fingerspitzen auf den Rücken tippen)
- Käse darüber streuen (die Fingerspitzen schnell auf- und abbewegen und über den Rücken wandern lassen)
- die Pizza in den Ofen schieben (die Handflächen auf dem Rücken liegen lassen)

Auch beim Backen sind weitere Tätigkeiten möglich: den Teig klopfen, Oliven einzeln in den Teig drücken, Schinkenstreifen darauflegen, den Teig an den Seiten nach oben ziehen usw.

Luftballons

Jedes Gruppenmitglied wird zum Luftballon. Auf eine Ansage von Gruppenleiterin oder -leiter pumpen sie sich langsam mit Luft auf – sie atmen tief ein – und lassen die Luft wieder aus sich hinausströmen – sie atmen tief aus.
Dann stellen sich jeweils zwei „Ballons“ gegenüber und fassen sich an den Händen. Durch ihre Arme und Hände schicken sie nun Luft zu dem anderen Luftballon. Geben sie ihre Luft ab, fallen sie in sich zusammen und der andere Luftballon wird dick und prall. Bekommen sie Luft, werden sie selbst dick und prall und der andere Ballon wird schlaff und fällt zusammen. Das Spiel endet damit, dass beide Ballons etwa gleich gut gefüllt und wohlgeformt sind.

Leicht gemacht

Die Gruppenmitglieder bewegen sich frei im Raum. Nach und nach gibt eine Gruppenleiterin oder ein Gruppenleiter folgende Anweisungen:

„Stell dir vor, du warst einkaufen.
Du trägst zwei schwere Einkaufstaschen.
Du fühlst, wie schwer die Taschen sind.
Deine Arme fühlen sich schon ganz schwer an. Sie scheinen immer länger und länger zu werden. Du stellst die Taschen ab. Erst die eine, dann die andere. Deine Arme werden leichter. Du schüttelst sie aus. Erst den einen, dann den anderen."

Oder

„Du bist in einem schönen Garten.
Die Blumen duften.
Es ist heiß. Die Blumen brauchen Wasser.
Du trägst zwei schwere Gießkannen.
Deine Arme fühlen sich ganz schwer an.
Du gießt die Blumen, vorsichtig, nach und nach.
Zuerst leerst du die Gießkanne in deiner linken Hand.
Sie wird leichter.

Dein linker Arm wird immer leichter. Du stellst die Gießkanne ab. Du bewegst deinen linken Arm locker am Körper hin und her.
Nun leerst du die Gießkanne in deiner rechten Hand. Sie wird leichter.
Dein rechter Arm wird immer leichter. Du stellst die Gießkanne ab. Du bewegst deinen rechten Arm locker am Körper hin und her.
Du gehst ganz locker und entspannt in deinem Garten umher. Du bewegst beide Arme am Körper hin und her. Du riechst den Duft der Blumen. Du atmest tief ein und aus."

Oder

„Du bist auf einer Wanderung.
Du trägst einen schweren Rucksack. Der Rucksack drückt. Dein Rücken wird ganz krumm. Du stöhnst unter der Last.
Du trägst schwere Stiefel. Deine Schritte sind schwer. Deine Knie lassen sich nur langsam heben, erst das linke, dann das rechte.
Du bleibst stehen. Du bückst dich und setzt den Rucksack ab.
Du reckst und streckst dich. Dein Rücken wird gerade.

Du bückst dich wieder. Du ziehst die Schuhe aus, erst den linken, dann den rechten Schuh. Du schüttelst das linke Bein aus. Du schüttelst das rechte Bein aus. Du gehst ein Stück. Du gehst leicht und mit großen Schritten."

Diese „Schwerübungen" können ergänzt werden durch „Wärmeübungen". Dabei wird z. B. simuliert der Umgang mit einer heißen Teekanne, das An- und Ausziehen von warmer Kleidung, ein warmes Bad u. Ä.

Fantasiereise

Die Gruppenmitglieder sitzen entspannt und in bequemer Haltung auf ihren Stühlen. Alle schließen die Augen. Der Spielleiter oder die Spielleiterin schickt sie auf eine „Fantasiereise“, indem sie / er mit ruhiger Stimme z. B. folgendes erzählt:
„Du liegst auf einer Wiese. – Die Sonne scheint warm auf deinen Körper. – Du hörst Vögel zwitschern. – Das Gras duftet.“ Zwischen den Sätzen wird Zeit gelassen, so dass sich die Gruppenmitglieder in ihrer Fantasie in diese Situation hineinversetzen können. Nach einer Weile holt die Spielleiterin oder der Spielleiter sie wieder in die Wirklichkeit zurück z. B. mit folgenden Worten: „Die Sonne geht langsam unter. – Du musst nach Hause. – Du streckst dich und machst die Augen auf. – Du bist wieder bei uns in der Gruppe.“

Zu dieser Übung lassen sich zahlreiche Variationen denken. Nach den beiden einführenden Sätzen: „Du liegst auf einer Wiese – Die Sonne scheint warm auf deinen Körper“ kann die Aufmerksamkeit auf weitere Erlebnisse gerichtet werden, z. B.: „Du siehst einen Schmetterling. – Du riechst eine Blume. – Du fühlst Moos unter dir. – Ein Bächlein plätschert. – Eine Blume summt ...“

Die Übung kann auch erweitert werden: „Du schaust dich ein wenig um. – Am Rand der Wiese beginnt ein Weg. – Du gehst den Weg ein Stück entlang. – Du kommst an ein Wäldchen. – Die Tannen duften ...“
Die Reise kann natürlich auch ganz woanders hingehen, an den Strand, auf einen Berg, in die Südsee, auf den Mond ... Das Reiseziel wird nach den Bedürfnissen der Gruppe ausgewählt. Es ist wichtig, die Gruppenmitglieder am Schluss mit einigen kurzen Sätzen wieder aus der Welt der Fantasie behutsam in die Wirklichkeit zurückzuholen und allen, die möchten, Zeit zu geben, ihre „Reise“-Erlebnisse zu erzählen oder auch zu malen.

Rosenbusch

Die Gruppenmitglieder nehmen eine möglichst entspannte Haltung ein und schließen die Augen. Die Spielleiterin oder der Spielleiter gibt ihnen nun ein Fantasiebild vor und hilft ihnen durch konkrete Vorgaben, sich selbst und ihren Körper in diesem Bild bewusst wahrzunehmen. Er oder sie sagt z. B.:
„Stell dir vor, du bist ein Rosenbusch.“ Nach einer Weile werden mit ruhiger Stimme weitere Impulse gegeben wie: „Wo wächst du? – Wie ist der Boden beschaffen? – Versuche, deine Wurzeln zu spüren. – Wie tief stecken sie im Boden? – Probiere es aus. – Wie fühlst du deinen Stamm? – Wie fühlst du deine Zweige? – Wie fühlst du deine Blätter? – Hast du viele Blüten? – Wie riechen sie? – Welche Farben haben sie?“ usw.

Welche und wie viele Impulse eingegeben werden, ist abhängig von der Gruppe. Für diese Übung sollte sie nicht zu groß sein, die Mitglieder sollten miteinander vertraut sein. Nach Beendigung der Übung muss Zeit bleiben, sich über die gemachten Erfahrungen auszutauschen.

Mein Baum

Die Gruppe geht ins Freie, auf den Schulhof, in einen Park, einen Wald o. Ä.
Jedes Gruppenmitglied sucht sich einen Baum aus, der ihm gut gefällt oder besonders interessant erscheint. Entsprechend den Anregungen einer Gruppenleiterin oder eines Gruppenleiters erkunden sie ihren Baum:
„Ertaste mit den Händen seine Rinde. Wie fühlt sie sich an? Ist sie glatt und fest oder rissig oder rau? Wie spürt ihr dabei eure Hände und eure Finger?
Erfahrt den Umfang eures Baumes. Greift mit euren Händen immer weiter um den Stamm herum. Wie ist es, wenn ihr mit eurem ganzen Körper den Baum umarmt? Was fühlt ihr? Was riecht ihr?
Löst behutsam eure Umarmung. Tretet einige Schritte zurück, wandert mit euren Augen langsam zur Krone eures Baumes hinauf. Könnt ihr den Himmel durch die Äste sehen? Was spürt ihr?“ usw.
Anschließend trifft sich die Gruppe noch einmal im Kreis. Was haben die Gruppenmitglieder mit ihrem Baum erlebt? Hat er ihnen etwas mitgeteilt? Haben sie ihm etwas mitgeteilt?
Die Gruppenmitglieder können ihren Baum auch malen oder beschreiben, z. B. in Gedichtform.

Die weiße Leinwand

Alle schließen die Augen und stellen sich eine große weiße Leinwand vor. Auf diese Leinwand „malen“ sie nun in ihrer Fantasie einen angenehmen Tagtraum. Ihr Bild wird ganz individuell ausfallen, je nach Erfahrungen und Interessen und vermutlich auch nach Tagesform, vielleicht ein weites Meer, vielleicht eine Hütte unter Palmen, vielleicht ein wunderschöner Stern ... Welche Geräusche sind zu hören? Welche Gerüche steigen in die Nase?
Nachdem alle die weiße Leinwand mit ihrem Bild gefüllt und ihren Traum genossen haben, wird Gelegenheit gegeben, darüber zu sprechen. Allerdings darf niemand gezwungen werden, sein Bild preiszugeben.

Gute Wünsche

Alle Gruppenmitglieder stehen im Kreis. In einem Behältnis, das ohne Gefahr angefasst und bewegt werden kann, wird eine Kerze angezündet. Ein Gruppenmitglied nimmt die Kerze in die Hand und gibt sie dem neben ihm stehenden weiter. Dabei wünscht es der Nachbarin / dem Nachbarn etwas Gutes für den Tag, für die bevorstehende Aufgabe, zum Abschied o. Ä. Die Kerze wird einmal im gesamten Kreis herumgegeben, bis alle einen guten Wunsch geäußert und empfangen haben. Dass die Wünsche ernsthaft formuliert und ernst gemeint sein müssen, versteht sich von selbst.

Gesammelte Entspannung

Was uns entspannt, kann individuell sehr unterschiedlich sein. Die Gruppe steht im Kreis. Nacheinander macht jedes Mitglied pantomimisch seine „entspannende Tätigkeit“ vor. Die anderen raten, was dargestellt wird. Solche „Tätigkeiten“ können z. B. sein: Ausschlafen, in der Sonne liegen, lesen, laufen, Tagebuch schreiben ...
Ist die Gruppe sehr groß, können auch Paare gebildet werden, die gemeinsam eine entspannende Tätigkeit – auf die sie sich natürlich vorher verständigt haben – darstellen.

Hinweis

Diese Übung setzt voraus, dass die Gruppe sich bereits mit verschiedenen Möglichkeiten der Entspannung beschäftigt hat. Die Gruppenmitglieder können ihnen bisher unbekannte Methoden der Entspannung kennenlernen und angeregt werden, sie auch einmal auszuprobieren.

Spiele zum Besinnen und Nachsinnen

Schau genau

Die Gruppenmitglieder sitzen an Tischen. Darauf liegen „Alltagsgegenstände“, z. B. ein Mäppchen, ein Apfel, eine Schere o. Ä. Außerdem werden Papier und Zeichenstifte bereitgelegt.
Die Gruppenmitglieder werden aufgefordert, sich für wenige Minuten ihren Arbeitsplatz genau anzuschauen. Dann wird er – bis auf die Stifte – abgeräumt. Einer der Gegenstände soll nun aus dem Gedächtnis aufgezeichnet werden, z. B. das Mäppchen. Bei der Zeichnung kommt es nicht auf eine künstlerische Darstellung an, sondern der Gegenstand sollte in möglichst vielen Details richtig wiedergegeben werden, seine Formen, seine Farben, seine Lage, Eigenheiten des Materials o. Ä.
Wie genau nehmen wir unsere Umgebung wahr?

Variation

Einzelne Gegenstände werden an die Tafel gemalt oder auf einem Bild gezeigt. Nachdem die Tafel zugeklappt bzw. das Bild umgedreht wurde, sollen die Gruppenmitglieder nachzeichnen, was sie gesehen haben.

Unter einer Decke stecken

Am Boden oder auf einem Tisch werden mehrere Gegenstände ausgelegt und mit einem Tuch verdeckt. Für einen kurzen Augenblick wird das Tuch abgenommen, so dass die Gruppenmitglieder sie betrachten können. Danach werden die Gegenstände wieder abgedeckt. Wie viele Gegenstände kann jedes Gruppenmitglied richtig benennen?
Das Spiel kann auch als Gruppenspiel durchgeführt werden. Es werden Kleingruppen gebildet, die nicht mehr als 5 Personen umfassen sollten. Dafür kann die Anzahl der zu beobachtenden Gegenstände erhöht werden. Die einzelnen Kleingruppen schreiben auf, was sie erinnern. Die Gruppe, deren Mitglieder gemeinsam die meisten Gegenstände erinnert haben, hat gewonnen. Bei mehreren Spielrunden können Punkte für die Anzahl der Gegenstände vergeben werden. Dann hat am Ende die Gruppe mit den meisten Punkten gewonnen.

Variation

Statt die Gegenstände zu betrachten, können sie auch ertastet oder „errochen“ werden.

Mein Stein

Für dieses Spiel wird eine Sammlung etwa gleich großer Steine benötigt, ein paar mehr als Gruppenmitglieder. Jedes Gruppenmitglied sucht sich nun einen Stein aus, betastet ihn, riecht an ihm, wiegt ihn in der Hand usw. und versucht sich alle Eigenarten seines Steins genau einzuprägen.
Dann werden alle Steine wieder eingesammelt und erneut in einen Korb getan – ohne dass die Gruppenmitglieder dabei zuschauen können. Sie müssen nun versuchen, „ihren" Stein „mit allen Sinnen" wiederzufinden.

Variation

Das Spiel wird schwieriger, wenn die Gruppenmitglieder sich „ihren" Stein „blind", d. h. mit geschlossenen Augen aussuchen mussten und sich beim Wiedererkennen auf ihre restlichen vier Sinne verlassen müssen.

Bildbetrachtung

Die Gruppenmitglieder betrachten gemeinsam ein Gemälde. Sie betrachten es sehr aufmerksam und lassen es intensiv auf sich wirken. Sie gehen auf dem Bild mit den Augen spazieren, schauen, fühlen und erleben es mit allen Sinnen. Sie versuchen so auch den Stimmungswert der Komposition und der Farben zu erfassen.
Dann schließen sie die Augen und versuchen, das Bild deutlich vor dem inneren Auge zu haben. Anschließend tauschen sie ihre Erfahrungen in der Gruppe aus. Hat das Gemälde unterschiedliche Erlebnisse ausgelöst?

Hörbild

Einzelne Gegenstände, eine Fotografie oder ein einfaches Bild werden in allen Details, mit allen Farben beschrieben, ohne dass die Gruppenmitglieder sehen können, worum es sich handelt. Nur auf Grund des gehörten Berichts müssen die Vorlagen nachgezeichnet werden.

Dann wird verglichen: Wie genau entsprechen die „Hörbilder" den Originalen? Woran lag das? Wurden sie unvollständig beschrieben, unvollständig wahrgenommen oder unvollständig gezeichnet?

Duftstraße

Diese Übung braucht ein bisschen Vorbereitung. Duftende Substanzen, z. B. Rosenblätter, Lavendel, Apfelsinenschalen, Kaffeepulver, Kiefernzapfen, Schuhcreme, u. Ä. werden in undurchsichtige Behältnisse gefüllt. Die Gruppenmitglieder müssen die verschiedenen Gerüche beschreiben und nur durch Riechen herausfinden, worum es sich handelt. Die Reihenfolge der „Duftmarken“ kann verändert werden. Macht das einen Unterschied für das Erkennen der Düfte?
Das Spiel kann auch als Wettbewerb gestaltet werden. Zwei oder mehrere Kleingruppen vergleichen dann ihre „Riech-Ergebnisse“ miteinander.

Noch einmal mit Gefühl

Vor Beginn muss ein Kästchen, z. B. ein Schuhkarton mit Eingrifflöchern für die Hände vorbereitet werden. Die Gruppe sitzt im Kreis. Das Kästchen wird herumgegeben, nachdem es zuvor, für die Gruppenmitglieder nicht einsehbar, mit einem einfachen Gegenstand gefüllt wurde. Nacheinander greifen alle hinein und versuchen, nur durch Tasten zu erraten, was in dem Kästchen ist. Ihr Ergebnis schreiben sie auf, dann folgt die nächste Spielrunde mit einem neuen Gegenstand. Nach einer bestimmten Anzahl von Runden werden die Kastengeheimnisse gelüftet und alle Ergebnisse verglichen.

Variation

Das Spiel kann auch ohne Kästchen gespielt werden. Die Gruppenmitglieder schließen dann die Augen, die Gegenstände werden nacheinander in ihre Hände gelegt und von Hand zu Hand weitergegeben.

Gebrauchsanweisung

Die Gruppenmitglieder einigen sich auf einen Handlungsablauf, z. B. „Ich fahre mit dem Fahrrad zur Schule“ oder „Ich bestreite einen 50 m-Lauf“ und stellen sich diesen Handlungsablauf dann in ihrer Fantasie in allen Einzelheiten, mit allen Handgriffen vor. Dazu nehmen sie eine bequeme Haltung ein und schließen die Augen. Auch pantomimische Mitbewegungen sind erlaubt.

Dann schreiben alle auf, was sie in ihrer Fantasie getan haben und vergleichen ihre Beschreibungen. Haben sie wirklich alle bedeutsamen Einzelheiten beschrieben? Woran haben sie gegebenenfalls nicht gedacht?

Die vorgestellte Handlung kann anschließend auch gemeinsam nachgespielt werden.

Fax-Versand

Die Gruppenmitglieder setzen sich auf den Boden in einer Reihe hintereinander. Wer vorne sitzt, erhält Papier und Bleistift. Wer hinten sitzt, bekommt ein Wort oder ein einfaches Bild gezeigt, das nun mit den Fingern durch Auf-den-Rücken-Schreiben oder durch Malen von Rücken zu Rücken als „Fax“ nach vorne transportiert werden muss.
Wer vorne sitzt, schreibt oder zeichnet auf, was dem „Fax“ zum Schluss zu entnehmen war. Das wird dann mit dem Original verglichen.

Variation

Das Spiel kann auch in zwei oder mehreren Kleingruppen als Wettbewerb gespielt werden. Welche Gruppe kann schneller und/oder verständlicher „faxen“?

Wenn ich einmal reich wär' ...

Ein Gruppenmitglied beginnt mit dem Satz: „Wenn ich einmal reich wäre, würde ich mir folgendes kaufen:“ Statt des gedachten Gegenstandes oder Zustandes wird das Gewünschte mit allen Sinnen beschrieben. Wenn es sich z.B. um ein Pferd handelt, könnte gesagt werden: „Es ist groß, es hat lange Haare, die ich kämmen und flechten kann, es ist klug und mag mich, es fühlt sich warm an, riecht herb, es spricht mit mir, aber nicht in meiner Sprache ...“
Die anderen dürfen Fragen stellen, um weitere Informationen zu bekommen. Wer das Rätsel zuerst löst, darf sich nun selbst etwas wünschen.

Spiele zum Auspowern und Abschlaffen

Stopp and go

Alle Gruppenmitglieder gehen im Raum herum. Sobald einer „Stopp“ ruft, bleiben alle stehen. Sobald jemand „Go“ ruft, gehen alle wieder los. Damit das Spiel funktioniert, müssen alle genau aufeinander achten. Es darf immer nur eine Mitspielerin oder ein Mitspieler die Anweisung geben.
Nach mehreren Wiederholungen kann das Spiel auch wie folgt gespielt werden:
Es wird nicht mehr gesprochen. Statt „Stopp“ oder „Go“ zu rufen, bleibt einfach ein Gruppenmitglied stehen oder geht wieder los.

Pferderennen

Alle Gruppenmitglieder – einschließlich Spielleiterin oder Spielleiter – sitzen im Kreis. Sie ahmen Geräusche und Stimmung bei einem Pferderennen nach. Das beginnt damit, dass sich alle auf die Oberschenkel schlagen und dabei sprechen: „tarab, tarab, tarab …“ Diese Bewegung und das Gemurmel werden während des ganzen Spiels beibehalten. Zusätzlich geben Spielleiterin oder Spielleiter durch Zwischenrufe und Vormachen an, was jeweils zu tun ist.

Beispiele

- „Rechtskurve“ – alle legen sich nach rechts;
- „Linkskurve“ – alle legen sich nach links;
- „Oxer“ – alle deuten mit erhobenen Armen und kurzem Aufstehen einmal eine Sprungbewegung an;
- „Doppeloxer“ – alle deuten die genannte Sprungbewegung zweimal an;
- „Dreifacher Oxer“ – alle deuten die Sprungbewegung dreimal an;
- „Zuschauertribüne“ – alle jubeln;
- „Gerempel zwischen den Pferden“ – alle buhen;

- „Wassergraben“ – alle blubbern mit den Fingern an den Lippen;
- „Hufeisen verloren“ – alle machen mit dem Finger im Mund „klong“.

Die Liste kann durch beliebige weitere Geräusche und Bewegungen ergänzt werden.
Zum Schluss sollten die Pferde immer „auslaufen“ – die Bewegungen und das Gemurmel werden verhaltener – und im „Stall ankommen“ – Bewegungen und Gemurmel hören auf.

Chorprobe

Jedes Gruppenmitglied erzeugt einen Ton, der sich deutlich von allen anderen unterscheidet. Haben alle „ihren“ Ton gefunden, beginnen sie auf ein Zeichen von Spielleiterin oder Spielleiter, diesen Ton leise zu summen.

Durch vorher vereinbarte Kommandos können Spielleiterin oder Spielleiter im Laufe des Spiels nun Lautstärke und Tempo aller „Chormitglieder“ oder auch nur einzelner „Sängerinnen“ oder „Sänger“ oder „Stimmgruppen“ verändern. Die erhobene Hand heißt z. B. „lauter“, die gesenkte Hand „leiser“. Mit beiden Armen winken heißt „lauter und schneller“, beruhigende Bewegungen mit beiden Armen „langsamer und ruhiger“ usw. Werden beide Arme ausgebreitet und bleiben in dieser Haltung, bedeutet das „Pause“. Der Chor muss dann schlagartig verstummen.

Blinzeln

Für dieses Spiel braucht man eine ungerade Anzahl von Gruppenmitgliedern, die sich paarweise hintereinander in einem Kreis aufstellen. Das Mitglied, das übrigbleibt, versucht nun, durch „Anblinzeln" den „Vordermann" eines der Pärchen zu sich heranzulocken. Dessen Partner muss versuchen, ihn festzuhalten. Entwischt er ihm aber doch, wird der übriggebliebene „Hintermann" neuer Blinzler. Ein angeblinzeltes Gruppenmitglied, dem das Davongelaufen gelungen ist, stellt sich jeweils hinter seinen neuen Partner, so dass im Laufe des Spiels jeder die Chance erhält, angeblinzelt zu werden oder festhalten zu müssen.
Beim „Blinzeln" können die „Vordermänner" auch auf Stühlen sitzen, hinter denen ihre „Hintermänner" dann stehen. Ein Stuhl muss dabei natürlich frei bleiben.

Variation

Auch mit einer geraden Anzahl von Gruppenmitgliedern kann man „blinzeln" spielen. Alle sitzen dann im Kreis, in dem ein Stuhl mehr vorhanden ist als Personen. Wer rechts neben dem freien Stuhl sitzt, fordert durch Blinzeln ein beliebiges Kreismitglied auf, auf den freien Stuhl zu wechseln. Alle müssen auf ihren linken Nachbarn aufpassen und versuchen, ihn festzuhalten. Das darf natürlich erst geschehen, wenn der Nachbar auch tatsächlich angeblinzelt wird. Bis dahin müssen alle ihre Hände ganz ruhig auf den eigenen Knien liegen lassen.

Zahlensprung

Jedes Gruppenmitglied bekommt eine der Zahlen von 0 bis 9 zugeteilt. Besteht die Gruppe aus mehr als 10 Personen werden die Zahlen mehrfach vergeben. Eine Spielleiterin oder ein Spielleiter beginnt nun eine Geschichte zu erzählen, in der möglichst viele Zahlen vorkommen. Die Spielerinnen oder Spieler müssen jedes Mal, wenn ihre Zahl genannt wird, blitzschnell von ihren Plätzen aufspringen und sich wieder hinsetzen. Bei Zahlen, die aus zwei Ziffern bestehen, z. B. 12 oder 23, müssen jeweils beide in Frage kommende Spielerinnen oder Spieler aufspringen. Es dürfen natürlich nur solche Zahlen genannt werden, die sich auch wirklich aus den vergebenen Ziffern kombinieren lassen.

Beispiel

Eine Geschichte könnte z. B. so beginnen: Es ist Freitag, der 8.10. Die Uhr hat gerade zweimal geschlagen als es klingelt: 1 x, 2 x, 3 x, 4 x. Ich schlage mein Buch zu, ich war gerade auf Seite 59. Ich gehe zur Tür. Vor mir steht 1 etwa 11-jähriges Kind mit 7 Rosen in der Hand ...

Alle Vögel fliegen hoch

Die Gruppenmitglieder sitzen an Tischen, am besten in einer großen Runde oder im Viereck, auf jeden Fall so, dass sich alle sehen können. Alle trommeln mit den Fingern auf den Tisch.

Spielleiterin oder Spielleiter beginnen zu erzählen: „Alle Vögel fliegen hoch" – Gleichzeitig hebt sie/er die Hände. Alle anderen müssen ebenfalls die Hände heben, denn Vögel fliegen ja tatsächlich. Spielleiter oder Spielleiterin fahren fort: „Alle Flugzeuge fliegen hoch" – alle heben die Hände, denn Flugzeuge fliegen ja tatsächlich. „Alle Elefanten fliegen hoch" – Spielleiterin oder Spielleiter heben die Hände, alle anderen aber müssen weiter trommeln, denn Elefanten fliegen ja nicht.

Das Spiel wird umso schwieriger, je schneller die Ansagen nacheinander kommen und je ausgefallener sie sind.

Variation

Statt „alle Vögel fliegen hoch" kann auch gespielt werden „alle Fische schwimmen tief" – die Arme werden nur gehoben bei Tieren oder Gegenständen, die schwimmen können –, „alle Autos fahren schnell" – die Arme werden nur gehoben bei allem, was fahren kann o. Ä.

Ochs am Berg

Das Spiel wird üblicherweise im Freien gespielt, es eignet sich aber auch als Zimmerspiel. Ein Gruppenmitglied, der „Ochs“, dreht sich mit dem Gesicht zur Wand, dem „Berg“. Hinter seinem Rücken, in einiger Entfernung oder an der gegenüberliegenden Wand des Raumes, stellen sich die anderen Gruppenmitglieder in einer Reihe nebeneinander auf. Mit dem Rücken zum Spielfeld ruft der „Ochs“ nun „Ochs am Berg“. Solange er ruft, dürfen sich die anderen auf ihn zu bewegen. Dabei müssen sie aber sehr vorsichtig sein: Sobald der „Ochs“ nämlich mit seinem Spruch fertig ist, dreht er sich schlagartig um. Wer doch noch bei einer Bewegung überrascht wird, muss an die Ausgangslinie zurück. Wer zuerst vom „Ochs“ unbemerkt den „Berg“ berührt, wird neuer „Ochs am Berg“.

Variation

Der „Ochs am Berg“ kann auch als „Ampelrennen“ gespielt werden. Diese Version eignet sich besonders, wenn im Raum gespielt wird. Statt zum „Ochs“ wird ein Gruppenmitglied zur „Ampel“. Es bekommt ein

Schild, vorne rot, hinten grün. Zeigt die Ampel grün, dürfen alle gehen, zeigt sie rot, müssen sie stehen bleiben. Dieses Spiel wird ohne Worte gespielt. Die Ampel kann aber z. B. bei „grün" summen – wie im richtigen Leben.

Zeitlupenrennen

Auf einem Spielfeld werden zwei Linien parallel zueinander in einem nicht zu geringen Abstand aufgezeichnet. Die Spielgruppe stellt sich nebeneinander auf der einen Linie auf. Auf Kommando versuchen dann alle, so schnell wie möglich die gegenüberliegende Linie zu erreichen. Dabei kann die Art der Bewegung vorgegeben werden, z. B. auf dem linken Bein hüpfen, wie ein Känguru springen o. Ä.
Bei der zweiten Spielrunde müssen alle dieselben Bewegungen machen, die Ziellinie diesmal aber so langsam wie möglich erreichen. Gewonnen hat, wer die Linie zuletzt erreicht – ohne zwischendurch ganz stehenzubleiben.

Bewegungsgeschichten

Spielleiterin oder Spielleiter erzählen eine Geschichte und begleiten sie mit entsprechenden Bewegungen, die von allen mitgemacht werden.
Die Geschichte lautet z. B. so:
„Der große Riese (Arme und Körper lang in die Höhe strecken) und der kleine Zwerg (in die Hocke gehen, Arme anlegen) wohnen zusammen in einem schönen Haus (mit den Händen vier Wände und ein Dach beschreiben). Am Morgen erwacht zuerst der große Riese (Arme und Körper strecken) und steigt aus dem Bett (mit gestreckten Armen einen großen Schritt mit angezogenen Knien machen). Dann öffnet er das Fenster (mit gestreckten Armen entsprechende Bewegung machen) und streckt sich (mit erhobenen Armen den Körper recken und strecken). Nun springt auch der kleine Zwerg aus dem Bett (in die Hocke gehen, Arme anlegen und hüpfen). Er geht zum großen Riesen (in der Hocke mit angelegten Armen ein paar Schritte machen), nun strecken und recken sich beide abwechselnd (mehrmals im Wechsel aufstehen, sich lang machen und sich klein machen). Der große Riese macht nun zwei große Schritte zu seinen Kleidern (mit erhobenen gestreckten Armen zwei große Schritte machen) und der kleine Zwerg macht vier kleine

Schritte zu seinen Kleidern (in der Hocke vier kleine Schritte machen). Beide ziehen sich an. Der große Riese macht drei Schritte (mit erhobenen gestreckten Armen drei große Schritte machen) und der kleine Zwerg sechs kleine Schritte (in der Hocke sechs kleine Schritte machen) zur Tür, und – plötzlich sind beide verschwunden."

Die Geschichte kann beliebig verändert werden, es können weitere Personen mit typischen Bewegungen dazukommen usw. Es kann auch eine ganz andere Geschichte erzählt werden – je nach Alter und Bedürfnissen der Gruppe.

Versteinern

Die Gruppenmitglieder bewegen sich frei im Raum. Ein Mitglied ist der Zauberer, der durch Berühren jedes andere „versteinern“ kann, d. h. wer berührt wurde, muss in der angefangenen Bewegung erstarren. Er kann erlöst werden, wenn ihn ein noch frei herumlaufendes Gruppenmitglied berührt.
Das Spiel wird schwieriger, wenn Sprechen und Rufen nicht erlaubt sind. Die „erstarrten“ Gruppenmitglieder können dann höchstens pantomimisch freie auf sich aufmerksam machen und ohne Worte darum bitten, doch erlöst zu werden.
Für das Befreien können zusätzlich besondere Regeln eingeführt werden, z. B. muss der „Stein“ umarmt werden, er muss von zwei anderen umarmt werden o. Ä.

Spiele zum Ablachen und Lockerbleiben

Pokerface

Ein Gruppenmitglied wird zum „Pokerface“ ernannt. Das setzt eine sehr ernste Miene auf, verschränkt die Arme vor der Brust. Es geht von Gruppenmitglied zu Gruppenmitglied, schaut jedem ins Gesicht, verbeugt sich stumm und verharrt einen Moment. Die im Kreis sitzenden Gruppenmitglieder müssen nun nacheinander versuchen, das Pokerface aus der Reserve zu locken, mit Grimassen, Witzen, Anlachen, Fragen u. Ä. Anschreien, Beleidigen oder Anfassen ist allerdings verboten.
Wer das Pokerface aus der Reserve lockt, wird zum neuen Pokerface.

Stummes Orchester

Dies ist eine musikalische Pantomime, bei der die Instrumente durch Fantasie und Bewegungen ersetzt werden. Stühle oder Bänke werden wie bei einem „richtigen“ Orchester im Halbrund zusammengerückt, dann nehmen die Musikantinnen und Musikanten Platz. Alle haben sich zuvor ihr Lieblingsinstrument ausgesucht, das sie mit Hand-, Arm-, Kopf-, Mund- und sonstigen Bewegungen zum Klingen zu bringen verstehen. Mögliche Instrumente sind z. B.: Geige, Posaune, Flöte, Harfe, Klavier, Horn, Orgel (mit Händen und Füßen zu bedienen), Xylophon, Schlagzeug u. Ä.
Zuerst werden die Instrumente gestimmt, alle üben mit ihrem Instrument. Dann bestimmt der „Dirigent“, welches Stück gespielt werden soll. Auf sein Zeichen wird das Stück unter Einsatz aller Instrumente erst einmal ganz durchgespielt. Dann beginnt die eigentliche Probe. Die „klanglichen Feinheiten“ werden herausgearbeitet. Auch Soli einzelner Instrumente können eingebaut werden. Zum Schluss kommt die „Aufführung“.
Statt eines Sinfonieorchesters kann auch eine Rockband, ein Zigeunerorchester, eine Blaskapelle o. Ä. auftreten. Auch Einzelwettbewerbe wie nacheinander „Luftgitarre spielen“ sind möglich.

Gruppenbild

Die Gruppe teilt sich in Kleingruppen von 4 bis 6 Personen. Diese malen gemeinsam ein Bild zu einem vorgegebenen Thema, das im weitesten Sinn mit „Anspannung und Entspannung“ zu tun hat, z. B.: „Warum denn gleich in die Luft gehen?“ oder „Mein cooler Freund“ oder „Nach dem Gewitter“ o. Ä.
Entweder wird das Blatt in die Mitte gelegt und jedes Gruppenmitglied malt von einer Seite aus oder alle gehen in einem bestimmten Rhythmus um das Blatt herum und malen auf Zuruf. Natürlich können auch alle die Augen schließen und „blind“ malen.
Nach Fertigstellung werden die Gemälde „ausgestellt“ und verglichen.

Pantomime

Einige Gruppenmitglieder stellen pantomimisch Begriffe, eine Redensart, ein Sprichwort, eine Situation dar, die etwas mit „Anspannung“ und „Entspannung“ zu tun hat. Der Rest rät, was dargestellt wird.
Beispiele für Redensarten sind:

- jemanden auf die Palme bringen
- die Friedenspfeife rauchen
- Dampf ablassen
- nicht so leicht aus der Ruhe bringen lassen
- eine ruhige Kugel schieben

Was war schwieriger, das Darstellen oder das Raten?

Kein – ohne

Gesucht werden Begriffspaare, bei denen auf ein Problem bzw. eine Schwierigkeit immer eine Lösung bzw. etwas Positives folgen muss. Nicht ganz ernst gemeinte Begriffspaare sind dabei ausdrücklich erwünscht.

Beispiele für solche Begriffspaare

- Kein Schmerz ohne Trost
- Keine Krankheit ohne Pille
- Kein Schweiß ohne Deo
- Kein Loch ohne Flicken
- Keine Schule ohne Ferien
- Kein Lehrer ohne Pensionierung o. Ä.

Die Begriffspaare können von den Gruppenmitgliedern reihum gesucht werden. Dabei dürfen Begriffe nicht wiederholt werden. Wer nicht schnell genug reagiert, scheidet für diese Spielrunde aus. Es kann auch festgelegt werden, wie viele Begriffe gesucht werden müssen. Wer die zuerst gefunden hat, hat gewonnen.

Oder es wird auf Zeit gespielt, gewonnen hat dann, wer in der vorgegebenen Zeit die meisten Begriffe gefunden hat.
Man kann auch in Kleingruppen gegeneinander spielen.

Geschmackssache

Die Gruppenmitglieder beschreiben Speisen und Getränke, die sie überhaupt nicht mögen, möglichst drastisch: Milch mit Pelle, dicke Erbsensuppe, die viel zu lange gekocht hat, Fisch mit Gräten u. Ä.
Dann erfinden sie Gerichte, die sie mögen, mit Farben, Gerüchen, Geschmack. Wenn möglich, können sie versuchen, ihre Gerichte auch tatsächlich Wirklichkeit werden zu lassen.

Fremdsprachen

Spielgedanke ist in einer Nonsens-Sprache zu sprechen, die während des Sprechens gerade erst erfunden wird. Die Sprache kann durch eine Veränderung des Deutschen entstehen, sie kann aber auch wie Französisch, Englisch, Türkisch, Finnisch o. Ä. klingen. Es kann auch eine „echte“ Sprache sein, in der einfach die Vokale systematisch durch andere ersetzt werden. Wichtig ist dabei, dass das Publikum den Inhalt des Gesprochenen versteht.
In der Fremdsprache wird ein Dialog geführt. Die Gruppenmitglieder bilden Paare, die sich auf ein bestimmtes Thema verständigen, z. B. „Neue Erkenntnisse zum Stress-Abbau“, und üben ihre Sprache zunächst paarweise, ehe sie vor Publikum darin sprechen.
Nach dem Gespräch berichten die Zuhörenden, was sie verstanden haben.

Lügengeschichten

Spielleiterin oder Spielleiter oder ein Gruppenmitglied erzählen eine mit Lügen gespickte Geschichte. Die restlichen Gruppenmitglieder müssen versuchen, die Lügen zu erkennen. Das Spiel wird leichter, wenn vor dem Beginn der Erzählung mitgeteilt wird, wie viele Lügen zu suchen sind. Die Entscheidung „Wahr“ oder „Gelogen“ kann dadurch manchmal bei ungewöhnlich erscheinenden Sachverhalten leichter fallen.

Literaturkreis

Die Gruppenmitglieder sitzen im Kreis. Gemeinsam erzählen sie eine Geschichte, die mit einem Problem beginnt und mit einer Lösung des Problems enden soll. Das Anfangsproblem gibt die Gruppenleiterin oder der Gruppenleiter vor, z. B. „Max hatte sich unsterblich in Anna verliebt. Aber Anna wollte nichts von ihm wissen …“ Reihum fügt jedes Gruppenmitglied einen Satz hinzu, dann wird das Wort weitergegeben. Vor Spielbeginn wird die Anzahl der „Erzählrunden“, nach denen das Problem gelöst sein sollte, festgelegt. Die letzte Runde wird mit einem Gong oder etwas Ähnlichem eingeläutet, damit die Erzählenden tatsächlich zum vielleicht überraschenden erlösenden Schluss kommen.

Alternativ dazu erhalten die Gruppenmitglieder Papier und Bleistift und schreiben ihre Geschichte auf. Vor jeder Weitergabe wird das Blatt bis auf den neu hinzugefügten Satz nach hinten umgefaltet. So kennt jedes Gruppenmitglied nur das Anfangsproblem und den letzten geschriebenen Satz. Darauf bezieht es sich mit seiner Ergänzung. Am Ende liest der Spielleiter oder die Spielleiterin der Gruppe die Geschichte vor. Ist noch ein roter Faden zu erkennen?

Überraschung!

Die Gruppenmitglieder sammeln Situationen, die ihnen häufig Stress machen. Einzeln oder gemeinsam suchen sie dafür nach kreativen Lösungen, die die jeweilige Situation entspannen könnten.

Beispiele

„Ein Junge beschimpft dich. Du hast Angst, er könnte auch zuschlagen. Was kannst du tun?"

- Ich sage ihm: Du hast eine tolle Frisur. Damit siehst du richtig cool aus.

Oder

- Ich gucke plötzlich nach oben und zeige auf einen Vogel. Schau mal der Vogel. Ist das ein Bussard?

Ihr sitzt beim Mittagessen. Eins der Gerichte kriegst du aber beim besten Willen nicht runter. Es einfach stehen lassen, wird deine Mutter nicht erlauben. Was könntest du statt dessen tun, um dich davor zu drücken?

- Du sagst: Das sieht diesmal aber toll aus. Wir reden in der Schule gerade über gesunde Ernährung. Ich hole mal schnell meinen Fotoapparat und fotografiere es für meine Arbeitsmappe. – Bis du mit dem Foto fertig bist, ist das Essen kalt und du musst es (hoffentlich) nicht mehr essen …

Don Bosco MiniSpielothek
Klein, fein, alles drin

ISBN 978-3-7698-1919-9

ISBN 978-3-7698-1920-5

ISBN 978-3-7698-1921-2

ISBN 978-3-7698-1922-9

ISBN 978-3-7698-1889-5

ISBN 978-3-7698-1890-1

ISBN 978-3-7698-1891-8

ISBN 978-3-7698-1892-5

ISBN 978-3-7698-1863-5

ISBN 978-3-7698-1864-2

ISBN 978-3-7698-1865-9

ISBN 978-3-7698-1846-8

ISBN 978-3-7698-1847-5

ISBN 978-3-7698-1848-2

ISBN 978-3-7698-1796-6

ISBN 978-3-7698-1797-3

ISBN 978-3-7698-1783-6

ISBN 978-3-7698-1784-3